簡単
シェラカップ レシピ

蓮池陽子／著

はじめに シェラカップは、鍋のように料理できて、そのままうつわにもなる万能な道具です。しかもソロサイズなら、ちょうど1人分。その魅力をもっと伝えたくて「フィールドでこれを食べられたら幸せ!」「シェラカップ一つでこんな料理もできる」とワクワクするレシピを考えてみました。難しい下準備をしなくても、オムライスやハムエッグライス、みたらし餅、さらにはハンバーグも作れます。ちょっとしたコツはありますが、何度か作るうちに慣れてくるはず。どうぞまずは、シェラカップを手に取り、楽しんでみてください。フィールドでたくさんの「おいしい」時間が生まれますように。

本書の使い方

レシピの分量

小さじ1（5ml）
大さじ1（15ml）
1合（180ml）

● レシピは全て、1人用のシェラカップが基準です。
● レシピの分量は目安です。山やキャンプ場などで計量できない場合は、味見して味を整えましょう。
● 計量は、小さじならティースプーン、大さじはカレースプーンで代用してもOKです。

アイコン

各レシピに、調理時間・調理方法・メイン食材をアイコンで表記しています。

調理時間

 5分以内

 5〜10分

 10〜15分

 15〜20分

調理方法

 炊く

 ゆでる

 煮る

 蒸す

 焼く・炒める

 揚げる

メイン食材

 肉

 魚介

 豆類

 野菜

 乳製品

 卵

肉 ……… 肉、加工肉、缶詰
魚介 …… 魚、貝類、練り物、缶詰、干物
豆類 …… 豆類、豆腐、厚揚げ
野菜 …… 野菜、干し野菜
乳製品 …. 牛乳、チーズ

● 調理時間は目安です。
● アウトドア用ガスストーブでも、ご家庭のガス台でも、あまり時間に違いはありません。

使用している食材

フィールドに持っていくので、傷みにくい物や持ち運びのしやすさを意識。また、スーパーなど身近なお店で手に入りやすいこと。なるべく添加物などが気にならない物を中心に選んでいます。

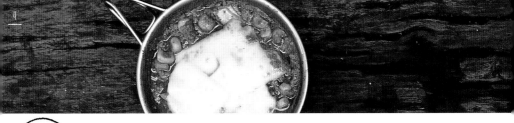

Contents

Part **1** 道具について ‥‥‥ 6

Part **2** 調理の基本 ‥‥‥ 12

Part **3** シェラカップ レシピ集 ‥‥‥ 24

さっとひと品

ご飯

麺

道具について

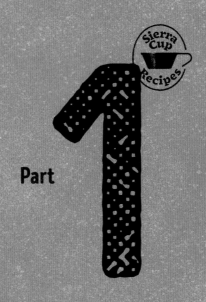

Part **1**

シェラカップは、1人分（ソロサイズ）から2〜3人分、4〜5人分の料理が
まかなえる大きな物まで、サイズや素材がさまざまあります。でもまず一つ
試すなら、ソロサイズがおすすめ。自分が食べたい料理をちょうど1人分、
さっと作れて、マグカップとしても使える。コンパクトで身軽なサイズです。
さて、そんなシェラカップで料理する際、まず用意するのはストーブとカトラ
リー。あとは、レシピや状況、好みに合わせて、必要な道具を少しずつ
揃えていけば大丈夫です。ここからは、おすすめのソロサイズのシェラカ
ップと、シェラカップレシピに重宝する道具を紹介します。

シェラカップの選び方

ルーツは、米の自然保護団体「シエラクラブ」の会員証。
調理道具とうつわを兼任した、シンプルで便利な道具です。
ここでは、選ぶ際のポイントなどをご紹介します。
まずは一つ手に入れて、どんどん使ってみましょう。

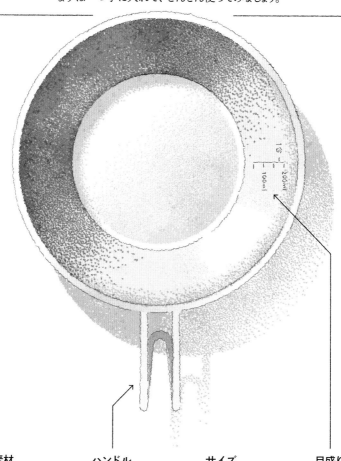

素材

加熱調理には、錆びにくい金属製を。ステンレスは、丈夫で値段も手頃ですが、焦げに要注意。チタニウムは、軽量かつ強度が高く、湯が早く沸きます。一方で、ステンレス以上に焦げやすい面もあります。

ハンドル

本体からひと続きになっています。フォールディング（折りたためる）タイプなら、よりコンパクトに持ち運べます。加熱調理中はハンドルも熱くなるので注意。別売りのカバーや手拭いなどで覆うと安心です。

サイズ

ソロサイズでメジャーなのは、容量300mlほどの、直径10〜12cmの物です。中には「深型」という350〜400mlほど入るタイプもあり、スープや鍋料理などの汁物を、たっぷり食べたい人におすすめです。

目盛り

カップの内側に容量の目盛りが刻んであると便利です。50ml刻みや「一合」と炊飯に便利な目盛りが入っているタイプもあるので、チェックしてみてください。軽量が難しい山やキャンプ場で重宝しますよ。

ユニフレーム
UF シェラカップ 300

- 1,000 円＋税
- 素材／ステンレス
- サイズ／約径 119 ×深さ 41mm
- 重量／約 95g
- 容量／約 300ml

50ml 刻み＆一合の目盛り付き

GSI
ジーエスアイ シェラカップ

- 1,500 円＋税
- 素材／ステンレス
- サイズ／約径 124 ×深さ 51mm
- 重量／77g
- 容量／355ml

ハンドルが折りたためる

WILD-1
ご当地シェラカップ

- 1,000 円＋税
- 素材／ステンレス
- サイズ／約径 119 ×深さ 41mm
- 重量／約 80g
- 容量／約 300ml

いろいろ集める楽しみもある

加熱しやすく軽量なチタン製

ベルモント
チタンシェラカップ深型 350
フォールドハンドル（メモリ付）

- 1,900 円＋税
- 素材／本体：チタニウム、ハンドル：ステンレス
- サイズ／約径 104 ×深さ 55mm
- 重量／約 60g
- 容量／350ml

たっぷりスープも受け止める

ユニフレーム
UF シェラカップ 420 チタン

- 1,728 円＋税
- 素材／本体：チタニウム、ハンドル：ステンレス
- サイズ／約径 129 ×深さ 50mm
- 重量／約 65g
- 容量／約 420ml

合わせて使う道具

まず用意する「ストーブ」と「カトラリー」を始め、
必要に応じて揃えたい「調理道具」と
「あると便利な道具」をピックアップしました。
お好みでアレンジしてみてください。

ストーブ

登山用のガスコンロ。「バーナー」とも呼びます。主流は、比較的コンパクトな、丸いガスカートリッジを使うタイプです。この他、ホームセンターなどで入手しやすいカセットボンベを使うタイプもあります。

直結型

カートリッジにストーブが着くタイプ。SOTO／マイクロレギュレーターストーブウインドマスター 7,400円＋税（4本五徳は別売りオプション）

分離型

持ち運びやすさと、調理する時の安定感を両立。SOTO／マイクロレギュレーターストーブ FUSION Trek 9,000円＋税

カセットボンベ

燃料がリーズナブルで手に入れやすく、安定感もあり。寒冷地でも一定の火力が出るモデル。SOTO／レギュレーターストーブ ST-310 5,800円＋税

カトラリー

アウトドア用のカトラリーは、携帯しやすいよう軽量でコンパクト。マルチに使えるスプーンやフォークの他に、折りたためる箸も人気です。ここでは、形状別に、3タイプのスプーンやフォークをピックアップ。

折りたたみ型

持ち手を折りたたみ、シェラカップに入れて携帯可能。先が樹脂製ならうつわの内側も傷つけません。ユニフレーム／カラカト 628円＋税

分離型

持ち手を重ねて結束できるセット。バラバラにならず、スマートに持ち運べます。GSI／スタッキングカトラリーセット 860円＋税

一石二鳥タイプ

1本でフォーク、ナイフ、スプーンを兼ねた人気者。荷物も軽量化。ライトマイファイヤー／スポーク BIO2パック 900円＋税（2個セット）

調理道具

シェラカップレシピをより作りやすく、楽しめる道具です。どれから揃えるか迷うなら、まずは加熱中や蒸らしに重宝する「ふた」と、安定して火にかけられる「網」。次に、火傷防止の「ハンドルカバー」がおすすめ。

ふた兼まな板

「ホールアース」の「ウッドリット木製プレート」は、ソロサイズの径にぴったり。ふた、まな板、鍋敷きや平皿としても。（著者私物）

ざる

ソロサイズのざる。ゆでたり洗ったりした食材を入れるのに、便利です。ベルモント／ステンシェラザル深型13cm 800円＋税

バーナー用の網

五徳にのせた上にシェラカップを置くことで安定。炊飯や煮炊きなど、長時間の加熱に便利。ユニフレーム／バーナーパットS 1,000円＋税

ハンドルカバー

加熱中はハンドルも熱くなります。火傷しないよう専用カバーをつけるのも手。ベルモント／シェラカップレザーカバー 各900円＋税

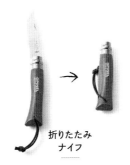

折りたたみナイフ

アウトドアでの調理に包丁を持っていくのは大変。コンパクトに携帯できる「オピネル」のナイフが重宝します。（スタイリスト私物）

コンパクトな調理道具

ソロサイズのクッカーに収納できる、ハンドルが折りたためる調理道具シリーズ。自宅でも活躍。ユニフレーム／ちびレードル628円＋税

あると便利な道具

アウトドア料理は、食材の持ち運びやごみを持ち帰る必要があります。また、シェラカップの特性上、焦げ付きやすいので、それを予防する物も。どれも身近なスーパーなどで手に入るので、合わせて揃えてみてください。

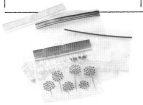

ジッパー付きビニール袋

食材やごみなどの持ち運びに活躍。筆者は、1ℓほど入るサイズに食材をまとめて入れて行き、同じ袋にごみを入れて持ち帰ることが多いです。

ミニボトル

調味料の携帯に使います。アウトドアメーカーの物は、目盛り付きで、軽くて丈夫。油など汚れが落ちにくい調味料は100円均一のボトルに。

フライパン用アルミホイル

ポイントは「フライパン用」であること。焦げ付きを予防するため「焼く・炒める」「揚げる」調理の際は、必ずシェラカップに敷きます。

調理の基本

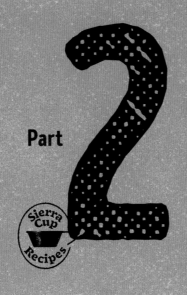

Part **2**

Sierra Cup Recipes

　お茶碗くらいのサイズで、一人分の料理が作れる便利なシェラカップ。得意な調理方法は「米を炊く」「ゆでる」「煮る」といった、水分と一緒にグツグツ加熱するレシピです。また「焼く・炒める」も、焦げ付きに注意すればおいしく出来ますよ。ちょっとコツがいるのは「蒸す」「揚げる」ですが、工夫すれば大丈夫。ここからは、それぞれの調理方法のポイントを紹介します。さらに、山やキャンプ場などで、なるべくごみを出さず、使い終わった後にも水や洗剤などで洗わなくてもいいように。フィールドへの食材の持ち運び方と後始末の基本もお伝えします。上手に使っておいしく食べましょう。

食材の持ち運び方

山やキャンプ場などのフィールドで調理する場合は、
食材の持ち運び方も重要なポイントです。
ここでは、日帰り〜1泊程度を想定。
食材が傷みにくく、軽やかな方法をお伝えします。

保冷バッグ
＋
凍らせた生物

保冷バッグは、フィールド
へ生物を持ち運ぶのに活躍
します。食材はラップなど
で包み凍らせれば、傷みに
くく保冷剤代わりに。

暑い時期は必ず
保冷剤も
プラスして

保冷バッグ
＋
カット野菜
＋
凍らせたペットボトル飲料

野菜を下ごしらえしていく
なら、ビニール袋などで包
んで保冷バッグへ。凍らせ
たペットボトル飲料は、保
冷剤と飲料を兼任。

野菜

皮ごと洗い、水気はよく拭
き、新聞紙などで包みま
す。調理中のごみは、包ん
できた新聞紙などにまとめ
て家で捨てましょう。

シェラカップ
＋
つぶれやすい食材

つぶれると傷んでしまう食
材は、ビニール袋などに入
れてシェラカップにイン！
荷物もコンパクトになり、
一石二鳥です。

食べた後の始末

立つ鳥跡を濁さず、がフィールドの基本。
だから、調理道具やカトラリーを使用した後も、
水や洗剤を使って洗いません。
もちろん、ごみも全て持ち帰りましょう。

パンで拭う

食材で拭うのは、フィールドの基本。中でもパンは、拭いやすいです。コッペパンや食パンなど、やわらかいパンがおすすめ。

登山なら
行動食にパンも
常備すると便利

ご飯や麺で
絡めて食べる

別に炊いたご飯や、コンビニなどのおむすび、袋から出すだけの流水麺などが便利。絡めて全部食べてしまいましょう。

ごみはジッパー付き
ビニール袋に

においや漏れが気にならないように、ジッパー付きビニール袋を活用。食材を入れていた物を再利用すれば一石二鳥です。

新聞紙のインクが
におい防止に
一役買います

カトラリーで拭う

こちらもフィールドの基本。木製などカップのコーティングを傷つけにくいカトラリーなら、しっかり拭いやすいですよ。

米を炊く

シェラカップ調理の、基本のき。
まずはおいしいご飯が炊けてこそ楽しみも広がるもの。
ソロサイズなら、ちょうど一食分が炊けますよ。

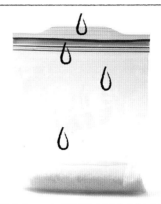

使うぶんだけ ジッパー付き ビニール袋へ

山やキャンプ場などフィールドなら、米を一食ごと（半合、90ml）にジッパー付きビニール袋に入れ、使うぶんだけを持参。これなら計量する手間もかかりません。

炊く30分〜 1時間前に 浸水させる

状況が許すなら炊く前に米を研ぎ、水を入れて浸水させておきましょう。浸水していなくても炊けますが、炊き上がったときのふっくら加減が全く違うんです！

基本の炊き方

ソロサイズなら、約300mlのシェラカップに米を半合（90ml）。状況にもよりますが沸騰後、7分ほどで炊き上がります。標高の高い場所では沸点が低いので、米に芯が残る場合もあることを豆知識として覚えておきましょう。

1 水は、米の高さの倍を入れて炊きます。半合で、目盛り付きなら200ccまで。目盛りがなければシェラカップの上から1/3か、人差し指の爪が隠れるぐらいを目安に。

2 沸騰してきたら、ぐるぐると米をかき混ぜながら炊いていきます。全体を満遍なく、シェラカップの中を滞留させるイメージ。弱火で焦がさないよう、気をつけて。

3 粘り気が出てきたら、箸などで底のほうに水分を送ります。水気がある程度なくなったら、炊き上がり。火を止めてふたをし、5〜10分蒸らします。

Point 米を炊くなら、用意したいのが専用のふた。米の水分がなくなったら、ふたをしてふっくらと蒸らします。まな板や鍋敷きなどを兼任している物も。ベルモント／チタンシェラカップリッド 1,200円＋税

麺をゆでる

湯を沸かして入れるだけ。短時間で仕上がる麺料理は
ストーブの燃料を節約したい時や、空腹が我慢できない時、
もうちょっと食べたい……という時にもぴったりです。

一食ごと
分けて持参する

湿気に弱い乾麺を持ち運ぶ際は、一食ぶんずつに分けて、ジッパー付きビニール袋で密閉します。春雨などは個装のタイプもあるので、活用するのも手です。

シェラカップに
便利な麺類

ストーブの燃料を節約するという意味でも、加熱しやすく、短時間でゆでられる物がおすすめ。選ぶポイントは「細い麺」「早ゆでタイプ」の二つです。乾麺なら比較的軽く、日持ちします。

春雨

沸騰したところへ入れるだけでOKだから、手軽で便利。完成後、5分ほどおくと、もっちりします。一食ぶんは20g程度。

マカロニ

ショートパスタのように使うことができます。必ず早ゆでタイプを選びましょう。一食ぶんの目安は、ふたつかみで50g程度です。

そうめん

シェラカップでゆでる際は、半分に折って湯に入れます。和食だけでなく、味付け次第でさまざまなレシピが楽しめます。

Point　そうめんは、麺自体に食塩が含まれます。これにより生地が強くなるのだとか。ゆでると幾分か塩分は抜けますが、本書のレシピではゆで汁を捨てずに全部食べます。味付けが濃くなりすぎないよう注意。

煮る

加熱調理の中でも、水分と一緒に「煮る」調理は
熱伝導率のいい素材でできているシェラカップが得意とするところ。
つねに、具材がひたひたの状態で煮込むのもポイントです。

外に火の通りにくい食材

煮込む時間を短縮すると
いう意味でも、火の通り
にくい物やしっかりと加
熱したい食材は、シェラ
カップの底面や縁にそっ
て入れます。火の通りや
すい物は内側でOK。

「煮る」に欠かせない三つの道具

スムーズかつ安心して調理するために、用意したい道具を紹介します。他の
加熱調理でも活躍する物ばかりですので、どうぞ手に入れて、いろいろ楽し
んでみてくださいね。

ハンドルカバー

加熱するうち、気がつけば熱くなっ
ているハンドル。専用カバーや手拭
いなどを活用して、火傷を予防しま
しょう。

箸

シェラカップは、加熱中にカップの
内側に食材がくっつきやすい面もあ
ります。焦げ付かないよう、箸でお
世話しながら煮込みます。

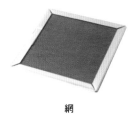

網

ストーブで加熱する際、五徳に網を
のせてからシェラカップをのせる
と、安定感がぐっと増します。焦げ
付きの防止にも。

Point 煮込む間に、水分は蒸発していきます。焦げないようにするためにも、
水を多めに入れてから煮始めると安心。途中、水が少なくなってきた
ら、具材がひたひたになるよう水を足します。

蒸す

工夫次第で、シェラカップで蒸し料理も楽しめます。
しかも、調理道具もぜーんぶ食べられるという、おまけ付き。
底から1cm程度の水を入れて蒸してみてください。

野菜を
土台にすれば
全部食べられる！

シェラカップで「蒸す」
には、水蒸気の通り道が
確保でき、蒸し物がのせ
られるよう硬さのある野
菜を使います。蒸し終わ
る頃には、土台も加熱で
きているというわけです。

「蒸す」に便利な 土台野菜

いろいろ試した結果、おすすめの野菜はこちら。比較的クセもなく、ちゃん
と蒸せます。にんじんや大根などの根菜類は、硬さはありますが、水蒸気が
通りにくいため不向きです。

玉ねぎ

シェラカップの底にちょうどハマる
直径10cm程度のものを、1cmの輪
切りにして土台として入れます。蒸
すと甘みも出る！

キャベツ

葉を1枚剥がして1.5～2cm程度に
切り、重ねてカップ内にぎっしりと
なるように敷き詰めます。芯の部分
も同じ幅で切り、使ってください。

白菜

キャベツと同じく、葉を1枚剥がし
て1.5～2cm程度に切り、敷き詰め
ます。蒸すと芯までとろとろにな
り、おいしく食べられます。

Point

「蒸す」に欠かせない道具がふた。炊飯と同じふたでもよいですが、お
すすめは径が同じシェラカップを代わりに使う方法。高さが出るの
で、一度にたくさん蒸すことができます。

焼く・炒める

ささっとからじっくりまで、焼いたり炒めたりできる一方で、
熱伝導率の高い素材でできているがゆえに、焦げ付く心配も。
ひと工夫して、おいしく仕上げましょう。

油も調味料。小分けで楽しむ

例えば、ひと口に「野菜炒め」といっても、使う油によって風味が変わります。小分けできるミニボトルにいろんな油を入れて持参するのも楽しいですよ。

フライパン用アルミホイルは必須

焦げ付き防止に「焼く・炒める」レシピではフライパン用アルミホイルを活用。フィールドには、使うぶん＋2枚ほどカットして持参。万が一、穴があいた時に備えます。

油がわりになる食材&調味料

調味料や食材で、おいしい脂を含んだものを活用すれば、油がなくても焼いたり炒めたりできます。コクが出たり、風味が豊かになったり。それぞれの個性を楽しんでみてください。

マヨネーズ

マヨネーズの原料には油が使われているから、熱するとスルスル溶けます。ほのかな酸味も加わり、他にない仕上がりに。

肉の脂身

普段なら捨ててしまう脂身も、活用してみてはいかがでしょう。牛脂はもちろん、豚の脂身や鶏皮もコクが出ておいしいです。

ベーコン

ベーコンやソーセージなど、加工肉も加熱すると油分が出ますよ。燻製してあるので、いい風味が加わるというよさも。

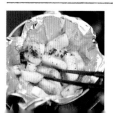

Point

火力は弱火が基本です。強火ではシェラカップが傷んだり、焼き跡がついたりする可能性があります。加熱時間は、長くても5〜6分程度に抑えると安心。食材の切り方や加熱方法を工夫します。

揚げる

好きなぶんだけ、マイペースに熱々を食べられるのは、
ソロサイズのシェラカップの特権。
少量の油でカリッと焼き揚げるので、後始末も楽です。

揚げ油は
一度につき
30mlが目安

シェラカップの底から1cm
程度あれば、揚げ油は十
分。一人が一度の調理で
使う量は、だいたい30ml
です。使うぶんだけミニ
ボトルに詰め替えて持っ
ていきましょう。

フライパン用
アルミホイルは
手指で敷く

「揚げる」でも、焦げ付き
防止に使うフライパン用
アルミホイル。縁までしっ
かり敷くのがコツです。こ
の際に、穴をあけてしま
わないよう、手指で添わ
せてください。

残った揚げ油の
おいしい始末

揚げ物を堪能したら、残った揚げ油を捨ててはもったいない！　シメや＋α
のレシピを楽しみましょう。案外食べごたえがあるので、おなかの隙間を、
どうぞあけておいてくださいね。

揚げパン

お好みのパンを1〜2cmの角切り
にして、揚げ焼きにします。砂糖や
スパイス、塩など、調味もお好みで
どうぞ。

アヒージョ

ひと口サイズに切ったきのこや豆類
などを残った油で素揚げにします。
そこに、にんにくチップを加えれ
ば、アヒージョの出来上がり。

ご飯に絡める

チャーハンならぬ、油かけご飯で
す。しょうゆや塩など、お好みの調
味料と食べれば、腹持ち抜群なシメ
になります。

Point　揚げ油は、クセが少なく、加熱しても酸化しにくいものを使います。
手に入りやすいのは、太白ごま油や米油、ひまわり油など。ちょっと
個性的ですが、グレープシードオイルも揚げ物に向いています。

メンテナンス

「シェラカップは、他のアウトドア道具同様、メンテナンスをしてこそ長持ちします。フィールドでは、食べ終わった後に拭くなど、最小限の後始末しかしていません。家に帰ったら、カップの内側はしっかり汚れを落とし、よく乾かして、次の出番に備えましょう。外側についた焼き色は多少落ちにくいかもしれませんが、使い込んだ雰囲気というのは、それはそれでカッコよいもの。道具は『自分で使い育てる』ことで、いっそう愛着が湧きます。手元にあるカップが10年後も20年後もフィールドで使い続けられるようにしたいですね（蓮池）」

使う道具

目の粗い、ナイロン製のスポンジ。ゴシゴシと洗いやすいように、3cm角ほどにカットして使います。

頑固な汚れには研磨剤入りのクレンザーを。ただし、使い過ぎると余計な傷がつく場合もあるので、注意を。

Before   After

焦げ付いたカップの内側。このまま調理すると、さらに焦げ付く原因になるので、ナイロン製のスポンジに水をつけてこすってください。角や目盛りも案外汚れています。

5分ほどこすると……見違えるような姿に。よくすいで、乾いた布で水気をよく拭き取り、さらに乾かしてからしまいます。毎回、この状態でしまうのが理想！

レシピ集

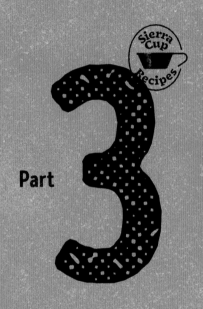

Part **3**

Sierra Cup Recipes

ペコペコのお腹をさっと満たしてくれるひと品から、シェラカップ一つで炊飯＋αを楽しめるご飯。シメにもいい麺料理。山やキャンプに持っていきやすいパンのアレンジ。老若男女に愛されるカレーのさまざまなバリエーション。そして、主役のおかずから、スイーツ、飲み物まで。シェラカップさえあればフルコースを楽しむのも夢じゃない?!　気軽に手に入る加熱しやすい食材を活用することで、紹介するレシピの多くが数分〜10数分もあれば作れます。また、軽量・コンパクトな調理道具ですが、レシピはおなかの満足度もしっかり追求していますよ。

さっとひと品

空腹で待ちきれない子どもたちや、おつまみに。10分以内で、さっと作れる温かいおかずです。食材は、あらかじめ食べやすい大きさに切り、火の通りやすい物を選ぶのがコツです。

魚肉の ケチャップマスタード炒め

5分以内　　焼く・炒める　　魚介

材料
魚肉ソーセージ …… 2本
オリーブオイル …… 適量
ケチャップ …… 適量
粒マスタード …… 適量

作り方

1 シェラカップにフライパン用アルミホイルを敷く。
オリーブオイルを軽く熱し、
2～3cm幅に切ったソーセージを入れる。

2 ソーセージに少し焼き目がついたら、
ケチャップと粒マスタードを入れる。
味を全体になじませたら火を止める。

Point ソーセージなどの長い食材は、シェラカップで調理しやすいように、2～3cm幅に切ると炒めやすい。食べる時に、ほどよいボリューム感もあります。仕上げに黒こしょうをかけると、お酒のすすむおつまみに。

粒マスタードはたっぷりと

ブルーチーズ入り
スクランブルエッグ＆ブレッド

5〜10分　焼く・炒める　卵　乳製品

材料
卵 …… 2個
ブルーチーズ …… 20g（大さじ2）
お好みのパン …… 適量
蜂蜜 …… 適量

作り方

1 シェラカップにフライパン用アルミホイルを敷く。
卵はビニール袋に割り、
チーズと一緒に袋の上からもんで混ぜる。

2 シェラカップに1の卵液を入れ、中弱火にかける。
卵が固まってきたら、
スプーンなどで優しく混ぜながら加熱する。

3 パンに2をのせ、蜂蜜をかける。

Point 卵液が焦げ付くのを防ぐため、フライパン用アルミホイルはシェラカップの縁までしっかりと敷きましょう。卵を混ぜる時は、破れないよう注意します。チーズは、カマンベールやプロセスチーズで代用してもおいしい。

チーズ×蜂蜜の甘じょっぱさがクセになる

磯の香りに箸がすすむ

青のりじゃがバター

5～10分　　ゆでる　　野菜

材料
じゃがいも …… 小1個
バター …… 適量
塩またはしょうゆ …… 適量
青のり …… 適量

作り方

1 じゃがいもは6～7mm幅の半月切りにし、
かぶるぐらいの水（分量外）で煮る。

2 じゃがいもに箸がすっと刺されば湯を切り、
バター、塩を加え、味をなじませる。

3 青のりをまぶしていただく。

Point　じゃがいもは、皮を洗い、水気はよく拭き取って持っていきます。サイズ
が大きければ、いちょう切りにしても構いません。食材を切る場合は、
一口サイズを目安にするとシェラカップで調理しやすいです。

笹かまクミン

5分以内　焼く・炒める　魚介

材料

笹かまぼこ …… 2本
オリーブオイル …… 少々
クミンパウダー …… 適量
黒こしょう …… 適量

作り方

1 シェラカップにフライパン用アルミホイルを敷く。
オリーブオイルを軽く熱し、ひと口大に切った
かまぼこを入れて、さっと炒める。

2 軽く焼き目がついたら、火を止め
仕上げにクミン、こしょうをふる。

Point　生のディルやパクチーをちぎってかけると、山やキャンプの食事が、まるで
レストランのような雰囲気に。風味もよくなります。近頃はスーパーでも手
に入るので、ゆとりがあれば山などにも持参してみてください。

３分で完成！スピードおかず

ちくわとコーンのマヨ炒め

5分以内　　焼く・炒める　　魚介

材料
ちくわ …… 2本
マヨネーズ …… 適量
スイートコーン
…… 小1パック（大さじ3）

作り方

1 ちくわは食べやすい大きさに切る。
シェラカップにフライパン用アルミホイルを敷く。

2 マヨネーズを入れて中火にかけ、
ちくわ、コーンを炒める。
香ばしい香りがしたら出来上がり。

Point　ちくわは笹かまやはんぺんなど、他の練り物に代えてもおいしいです。
コーンは、食塩無添加の物もありますが、食塩入りは味付けも兼ねられ
て便利。味見して物足りなければ、塩（分量外）で調整してください。

ベーコンが旨味とコクの決め手

大豆のベーコン山椒煮

5～10分　　煮る　　豆類

材料
スライスベーコン …… 1枚
大豆（水煮か蒸し大豆）
…… 1缶（100g）
オリーブオイル …… 適量
山椒の粉 …… 少々

作り方
1 ベーコンを食べやすい大きさに切る。
2 シェラカップに水50ml（分量外）、ベーコン、
　大豆、オリーブオイルを入れ、火にかける。
3 グツグツしてきたら時々かき混ぜ、
　2分ほどしたら火を止める。
4 塩（分量外）で味を整え、山椒をふる。

Point　大豆はサラダ用のミックスビーンズで代用しても構いません。缶詰も便利ですが、袋タイプだと、山やキャンプでは持ち運びやすく、便利です。山椒はお好みですが、たっぷりかけると味が引き締まりますよ。

さっとひと品 — 冷製レシピ

もぐもぐ口の中で
フムスを再現!

食べればフムス

材料
大豆(水煮か蒸し大豆) …… 1缶(100g)
レモン汁 …… 少々
炒りごま …… 少々
オリーブオイル …… 大さじ1/2〜
塩 …… 適量
クミンパウダー …… 少々
黒こしょう …… 適量

作り方(調理時間:1分)

1 大豆、レモン汁、ごま、
  オリーブオイル、塩を混ぜる。
2 味が整ったら
  クミン、こしょうをふって食べる。

玉ねぎが効いた
おつまみ

いか燻とポテトチップスの
マヨあえ

材料
玉ねぎ …… 小 1/8 個
いか燻製 …… ふたつまみ
ポテトチップス …… ふたつまみ
マヨネーズ …… 適量

作り方(調理時間:2〜3分)

1 玉ねぎは半月の薄切りにし、
  辛味が強い場合は水にさらす。
  いか燻製は食べやすい大きさにする。
2 1、軽く砕いたポテトチップスを
  マヨネーズであえる。

シェラカップは、小さなボウルのようにも使えます。
ここでは、加熱せず、さっとあえるだけの「冷製レシピ」をご紹介。
燃料を節約したい時や、暑い季節にもおすすめです。

少し置くと、しっとり。
味がなじみます

ホタテときゅうりの
セビーチェ

材料
きゅうり …… 1本
紫玉ねぎ（または玉ねぎ）…… 少々
ホタテ缶詰 …… 小さめ1缶（40g）
オリーブオイル …… 大さじ1
レモン汁 …… 小さじ1
塩、黒こしょう …… 各適量

作り方（調理時間：5〜6分）

1 きゅうりは食べやすい大きさに切る。
玉ねぎは半月の薄切りにする。
合わせて塩をふり、
5分ほどなじませ水気を絞る。

2 1にホタテを汁ごと入れて、
調味料で味を整える。

笹かまぼこは
お好きな練り物でOK

ねぎ笹かまラー油

材料
笹かまぼこ …… 2本
青ねぎ …… 3本
ラー油、しょうゆ …… 各適量

作り方（調理時間：1分）

1 笹かまぼこは食べやすい大きさに切る。
青ねぎは4〜5cm幅に切る。

2 1、ラー油、しょうゆを混ぜて食べる。

ご飯

シェラカップ一つあれば、和洋中からエスニックメニューまで。さまざまなバリエーションの、満足度も高い「ご飯」メニューを作ることができます。1人分の朝食や、お酒のシメにもぴったり。

オムライス

15〜20分　　炊く　　卵

材料
米 …… 1/2合
玉ねぎ（みじん切り）…… 小1/10個
スライスベーコン（短冊切り）…… 1枚
卵 …… 1個
ケチャップ …… 大さじ1と1/2
バター、塩、黒こしょう …… 各適量

作り方

1 シェラカップに吸水させた米を入れ、
水（分量外）を200mlのラインまで注ぎ、
玉ねぎ、ベーコンをのせて火にかける。
沸騰したら火を弱め、箸などでかき混ぜる。

2 1の上にフライパン用アルミホイルをのせ、溶いた卵を入れる。
卵が固まったところから何度か返し、
全体が半熟になったらアルミホイルごとよけておく。

3 箸などで混ぜつつ、
ごく弱火で米の水分がほぼなくなるまで加熱し、火を止める。

4 ケチャップ、バター、塩、こしょうを加え、
全体を混ぜたら、ふたをして5〜10分蒸らす。

5 2の卵をのせ、ケチャップ（分量外）をかける。

Point　溶き卵は、炊飯中の米にのせたフライパン用アルミホイルの上で加熱します。縁などから少しずつ固まってくるので、固まったところからアルミホイルに穴が開かないように優しく軽く返していきます。

炊飯しながら半熟卵も仕上げる

カオマンガイ

15〜20分　炊く　肉

材料

家で仕込んでいくタレ
┌ しょうが（すりおろし）
│ …… 大さじ1/2
│ 長ねぎ（みじん切り）…… 大さじ1
│ 塩 …… 小さじ1/4
└ ごま油 …… 大さじ2

米 …… 1/2合
鶏がらスープ …… 小さじ1
鶏ひき肉 …… 50g
パクチー …… 適量

作り方

1 ［家で］しょうが、ねぎ、塩に、熱したごま油を混ぜる。

2 ［外で］シェラカップに吸水させた米を入れ、
水（分量外）を200mlのラインまで注ぎ、
鶏がらスープを入れて混ぜる。

3 2の上にひき肉を4〜5等分して、
スプーンなどで丸めて入れる。

4 沸騰したら、ひき肉が沈まないように米を混ぜる。

5 箸などで混ぜつつ、
ごく弱火で米の水分がほぼなくなるまで加熱する。

6 火を止め、ふたをして5〜10分蒸らす。

7 タレをかけ、パクチーを添える。

Point　少量のひき肉を山などに持っていく際は、なるべくコンパクトにまとめてから冷凍すると、溶けにくい。また、塊肉よりは火が通りやすいので、普段は大ぶりな肉を使う「カオマンガイ」のようなレシピにもってこい。

ゴロゴロ丸めた鶏ひき肉で代用

黄身の固さは蒸らし時間でお好みに

ハムエッグライス

15〜20分　　炊く　　卵　　肉

作り方

1 シェラカップに吸水させた米を入れ、
水（分量外）を200mlのラインまで注ぎ、
弱火にかける。

2 沸騰したら、箸などでかき混ぜる。

3 ハム、卵をそっとのせ、米を混ぜつつ、
ごく弱火で水分がほぼなくなるまで加熱する。

4 火を止め、ふたをして5〜10分蒸らす。

5 お好みの調味料をかけて食べる。

材料

米 ……1/2合

スライスハム（ベーコンでも可）
…… 〜2枚

卵 …… 1個

お好みの調味料
（しょうゆ、バター、ソースなど）
…… 適量

Point ハムと卵をのせた後は火加減に注意。シェラカップの底が焦げ付かないように箸などで混ぜ、焦げたにおいがしたらすぐに火を止め、ふたをします。水分が減ってくると案外すぐ炊けるので、目を離さないこと。

体の芯から温まるパワー飯

みそラーメンスープ雑炊

5〜10分　　煮る　　肉

材料
鶏がらスープ …… 小さじ1/2
お好みのみそ …… 大さじ1
牛脂（細かく刻む。豚の脂身、
バターでもよい）
…… 2cm角
にんにくチップ …… 4〜5枚
白おむすび …… 1個
チャーシュー …… 適量
青ねぎ（小口切り）…… 適量

作り方

1 シェラカップに水150ml（分量外）、
鶏がらスープ、みそ、牛脂、
にんにくチップを入れて火にかける。

2 沸騰したら3〜4分加熱し、牛脂を溶かす。

3 2におむすびを入れて軽く混ぜ、
再沸騰したら火を止め、
みそ（分量外）で味を整える。

4 チャーシュー、ねぎをのせる。

Point 白おむすびは、塩むすびや白いご飯をそのまま入れてもOK。冷やご飯
が簡単にリメイクできます。牛脂は、肉屋さんでもらえる成形していない物
がおすすめ。刻んで入れると脂が出やすく、なおおいしく仕上がります。

コンビニおむすびのスープご飯

赤飯×ごま油でおかゆ

5分以内　煮る

材料
赤飯のおむすび …… 1個
ごま油 …… 小さじ1
塩 …… 適量

作り方
赤飯、ごま油、かぶるぐらいの水（分量外）を入れ、
赤飯を崩しながら火にかける。
好みのとろみがついたら、塩で味を整える。

いなり寿司×だしで雑炊

5分以内　煮る

材料
いなり寿司 …… 1個
顆粒だし …… 少々
塩、しょうゆ
…… 適量

作り方
ご飯と油揚げを分けたいなり寿司、
かぶるぐらいの水（分量外）、顆粒だしを入れ、
いなり寿司を崩しながら火にかける。
好みのとろみがついたら、塩、しょうゆで味を整える。

たらこおむすび×クリームチーズでリゾット

5分以内　煮る

材料
たらこおむすび …… 1個
クリームチーズ …… 1個
塩、黒こしょう
…… 適量

作り方
海苔を外したおむすび、クリームチーズ、
かぶるぐらいの水（分量外）を入れ、
おむすびを崩しながら火にかける。
好みのとろみがついたら塩で味を整え、
海苔をちぎり入れる。

Point　さまざまな具があるコンビニおむすびは、秀逸な食材。海苔からもいいだしが出ます。たらこおむすびは、鮭やツナマヨで代用しても。いなり寿司は、梅おむすびにすれば食欲がない日もサラサラ食べられます。

おむすびと
調味料さえあれば
作れる

たらこおむすび×クリームチーズでリゾット

いなり寿司×だしで雑炊

赤飯×ごま油でおかゆ

炊きたてご飯のお供 5

1

オリーブオイル

みそ

合わせるのは、お好みのみそでOK。おすすめは、ほどよい甘みの米みそです。オリーブオイルはさらっとした口当たりで、コクが加わります。できれば香りの高いオイルを選ぶと、なおおいしい。

2

ごま油

塩昆布

ご飯はもちろん、スライスしたきゅうりやトマト、ちぎったキャベツなど、サラダにも合う王道のペアリング。ごま油を、太白ごま油に代えても。独特の香ばしさはありませんが、ごまの旨味が加わります。

1人分のご飯を炊くのにも最適な、ソロサイズのシェラカップ。
まずは上手に炊けるように、繰り返し挑戦してみるのも面白いですよ。
調味料を好きなだけ合わせる"お供"で、味のバラエティを楽しんで!

3

青のり

チーズ

磯の風味がぎゅっと感じられる
青のりは、熱々ご飯にのせると
いっそう香りが豊かにたちます。
チーズの中でも、おすすめは、
パルメザンチーズとの組み合
わせ。優しい塩気と風味で、ま
ろやかな味になります。

4

梅干し

黒こしょう

さっぱりしたい時にぴったり。
爽やかな酸味とスパイシーさ
で、食がすすみます。梅干しは、
塩と梅だけで漬けたシンプル
な物がおすすめ。黒こしょうは、
粗挽きだとプチプチした食感
も楽しいですよ。

5

梅干し

マヨネーズ

口の中がキューッとなる梅干し
独特の酸っぱさが、マヨネー
ズでまろやかに。酸味のある
調味料同士の組み合わせなの
で、想像以上に合うんです。
梅干しは、できれば細かくして
混ぜてください。

| 麺 | アウトドアレシピで人気の麺類。火が通りやすい物を選べば、シェラカップでも短時間で楽しめます。洗い物が増えないよう、ゆで汁はスープを兼ねています。全部おいしくいただきましょう。 |

そうめんカルボナーラ

5分以内

ゆでる

卵

材料
そうめん …… 1輪
スライスベーコン（1cm幅の短冊切り）……1枚
卵 ……1個
パルメザンチーズ …… 適量
黒こしょう …… 適量

作り方

1 シェラカップに水150ml（分量外）を入れて
湯を沸かし、半分に折ったそうめん、
ベーコンを入れて、約1分。
そうめんが透き通るまで、混ぜながらゆでる。

2 火を止めたら卵を入れ、手早く混ぜる。
仕上げにチーズ、こしょうをお好みで。

Point そうめんは火が通りやすいので、卵を入れてからは時間との勝負！ 全体に絡むよう、すばやくよく混ぜます。そうめん自体にほどよい塩気があるので、チーズと黒こしょうは味見をしながら入れてください。

卵とチーズがあれば！シンプルレシピ

豚ひき肉の胡麻みそ春雨

5〜10分　　ゆでる　　肉

材料
胡麻みそラー油（作り方はPOINTへ）…… 大さじ1〜
豚ひき肉 …… 50g
春雨 …… 20g（個包装一つ）
青ねぎ（小口切り）…… 適量

作り方

1　［家で］胡麻みそラー油を仕込む。

2　［外で］シェラカップに水125ml（分量外）、ひき肉、胡麻みそラー油を入れてよく混ぜ、火にかける。

3　沸騰し、ひき肉に火が通ったら春雨を加えて混ぜる。

4　火を止めて3分置き、春雨に汁気を吸わせる。

5　春雨がやわらかくなったら再度加熱し、よく混ぜる。味が足りなければ、胡麻みそラー油で味を整え、青ねぎをのせる。

Point　**胡麻みそラー油の作り方**／白練りごま大さじ2、お好みのみそ大さじ2、しょうが、にんにく（共にすりおろす）各半かけ、ラー油（おすすめは、山椒入りの食べるラー油）少々をよく混ぜる。

胡麻みそラー油で担々麺のような満足感

ヤムウンセン

5〜10分　ゆでる　野菜

材料
紫玉ねぎ（または玉ねぎ）…… 小1/10個
干しえび …… ひとつかみ（15尾ほど）
春雨 …… 20g（個包装一つ）
ナンプラー …… 大さじ1/2〜
レモン汁 …… 小さじ1/2〜
パクチー …… 適量

作り方

1 玉ねぎは薄切りにする。

2 水100ml（分量外）、干しえびを火にかけ、
沸騰したら春雨を加えて混ぜ、火を止めて2分置く。

3 春雨がやわらかくなったら、**1**を入れ、
ナンプラー、レモン汁で味を整える。

4 パクチーをのせたら出来上がり。

Point 春雨は時間が経つと水分を吸うので、完成後に5分ほど待ってから食べると味がなじみます。ナンプラーやレモン汁と一緒に、砂糖、小口切りの赤唐辛子を加えると「甘・辛・酸」が立った、本格的な味わいに。

甘酸っぱいタイ風春雨温サラダ

レモン麺

5分以内　ゆでる　野菜

材料
そうめん …… 1輪
オリーブオイル …… 小さじ1〜
青ねぎ（小口切り）…… 適量
鰹節 …… 適量
レモン …… 1/4個

作り方

1 シェラカップに水200ml（分量外）を
入れて湯を沸かし、
半分に折ったそうめんを入れて約1分。
そうめんが透き通るまで、混ぜながらゆでる。

2 火からおろし、オリーブオイル、青ねぎ、
鰹節をのせ、レモンを絞り入れる。

3 よく混ぜていただく。
味が足りなければ、塩やしょうゆ（分量外）で
味を整える。

Point オリーブオイルの代わりに、ごま油や海苔、とろろ昆布、梅干しなどを足
してもいいですよ。ベースがシンプルな味付けだから、お好みに合わせ
てアレンジのきくメニューです。

香りも喉越しもすっきり爽やか

食欲をそそる赤しその香り

ゆかりパルメそうめん

5分以内　　ゆでる　　乳製品

材料
そうめん …… 1輪
ゆかり、パルメザンチーズ
…… 適量

作り方

1 シェラカップに水200ml（分量外）を入れて
湯を沸かし、
半分に折ったそうめんを入れて約1分。
そうめんが透き通るまで、混ぜながらゆでる。

2 火からおろし、ゆかりとパルメザンチーズをふり、
混ぜ合わせながら食べる。

Point 同じ材料で、そうめんを白いご飯かマカロニに変更してもOK。そうめん
は麺自体に塩気がありますが、ご飯かマカロニの場合は味見して、物足
りなければゆかりを足してください。

海苔と大葉の風味は相性抜群

じゃこ海苔大葉パスタ

5〜10分　ゆでる　魚介

材料

マカロニ …… 50g（シェラカップ1/2）
ちりめんじゃこ …… ひとつまみ
海苔 …… 板海苔1/2枚分
バターまたはマヨネーズ …… 適量
塩 …… 適量
大葉 …… 1枚

作り方

1 シェラカップにマカロニ（早ゆで）、ちりめんじゃこ、かぶるぐらいの水（分量外）を入れて火にかける。
2 沸騰したら海苔をちぎって入れ、マカロニを箸などで混ぜながらゆでる。
3 火からおろし、バターを加える。塩で味を整えたら、刻んだ大葉をのせる。

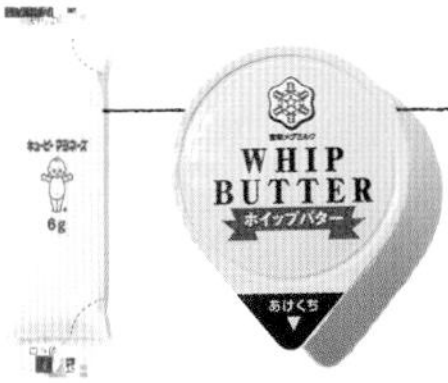

Point

味付けと油分を兼ねた「バターまたはマヨネーズ」。子どもから大人まで食べやすいのはバターです。マヨネーズは、独特のコクと酸味があります。海苔は、あおさや青のりで代用すると磯の香りがより豊かに広がる！

焼き鳥缶の旨味を春雨にとじ込める

チキン春雨スープ

5〜10分　　ゆでる　　肉

材料
焼き鳥缶（塩）…… 1缶
春雨 …… 20g（個包装一つ）
塩 …… 適量
（あれば）青ねぎ（小口切り）、
一味唐辛子 …… 各適量

作り方

1 シェラカップに水150ml（分量外）と
焼き鳥缶を汁ごと入れ、火にかける。

2 沸騰したら1〜2分加熱し、
春雨を加えてよく混ぜ、火を止めて2分ほどおく。

3 再び火にかけ、温まったら塩で味を整える。
あれば青ねぎ、一味唐辛子をかけていただく。

Point　春雨は、沸騰したところに入れると火を止めてからもややわらかくなります。燃料を節約したいなら、春雨を入れる前に火を止めましょう。焼き鳥缶は、塩味ならだしも兼ね、味のアレンジもしやすいですよ。

疲れた時の温かい汁物に

梅干しサンラータン

5〜10分　　ゆでる　　肉

材料
ミニトマト（半分に切る）…… 3個
鶏がらスープ …… 小分け袋1/2本
梅干し（つぶす）…… 1個
春雨 …… 20g（個包装一つ）
卵（ビニール袋などで溶く）…… 1個
塩、黒こしょう、ラー油 …… 各適量
青ねぎ（小口切り）…… 適量

作り方
1 シェラカップに水150ml、ミニトマト、鶏がらスープ、
　梅干しを入れ、火にかける。
2 沸騰したら春雨を入れ、2〜3分加熱する。
3 卵を入れたら軽く混ぜ、火を止める。
4 塩、こしょう、ラー油で味を整え、
　青ねぎをちらして食べる。

Point　酢の代わりに梅干しを入れるのもおすすめ。疲労回復が期待できるクエン酸も豊富です。山やキャンプなら、あらかじめ種を外していくとごみが出ません。筆者が愛用するのは、塩と梅のみで漬けたタイプ。

炙ったバゲットと一緒にどうぞ

ビーフマカロニグラタン

5〜10分　　ゆでる　　肉

材料
玉ねぎ …… 小1/8個
焼肉用牛肉 …… 70g（4枚ほど）
塩、黒こしょう …… 適量
片栗粉 …… 小さじ1
マカロニ …… 15g（ふたつかみ）
顆粒コンソメ …… 小分け1/2袋
クリームチーズ …… 小分け2個
（あれば）ディルかパセリ …… 適量

作り方

1 玉ねぎは半月の薄切りにする。
牛肉は小さめの一口大に切り、塩、こしょうをふり、
片栗粉をまぶしておく。

2 シェラカップに玉ねぎ、マカロニ（早ゆで）、コンソメ
かぶるぐらいの水（分量外）を入れて火にかける。

3 沸騰してきたら箸などで混ぜながら、2分加熱する。

4 クリームチーズを加えて混ぜながら煮溶かし、
牛肉を加えて、さらに1〜2分しっかり加熱する。

5 塩、こしょうで味を整え、
あればディルかパセリをふる。

Point 片栗粉をまぶした肉を入れることで、ホワイトソースのようなとろみが付き、肉も柔らかく仕上がります。ほんのり効いた酸味も味のポイントなので、チーズはクリームチーズがおすすめ。肉は、鶏肉にしてもよいです。

王道のオリーブ×トマト味

オリーブトマトパスタ

5〜10分

ゆでる

野菜

材料
マカロニ …… 50g（シェラカップ1/2）
ブラックオリーブ（スライス）
…… 1袋（5個分）
にんにくチップ …… 3〜4枚
トマトペースト …… 1本（大さじ1）
ミニトマト（半分に切る）…… 2個
オリーブオイル、塩、黒こしょう
…… 適量

作り方
1 シェラカップにマカロニ（早ゆで）、
マカロニが浸るぐらいの水（分量外）、
オリーブ、にんにくチップを入れて火にかける。
2 沸騰したら、2分ほど加熱する。
3 トマトペースト、ミニトマトを加えて混ぜ、
さらに2分加熱する。
4 オリーブオイルを加え、塩、こしょうで味を整える。

Point マカロニをゆでる場合は、時々箸などでかき混ぜて、縁や底にマカロニ
がくっつかないように剥がしましょう。トマトペーストは、個包装のあるカ
ゴメの物が便利かつコクが出るので、筆者は愛用しています。

パン	そのまますぐに食べられるパンは、山やキャンプでも重宝します。中でもシンプルな食事パンは、浸したり、挟んだり、加熱したり。さらに甘くも辛くも味付けできる、アレンジのきく食材です。

フレンチトースト

10〜15分　焼く・炒める　卵　乳製品

材料
食パン(6枚切り) …… 1枚
卵 …… 1個
牛乳もしくは豆乳 …… 50ml
お好みの砂糖 …… 5g(スティックシュガー1本)
バター …… 適量
お好みのトッピング …… 各適量

作り方

1 シェラカップにフライパン用アルミホイルを敷く。
食パンは12等分にカットして、
シェラカップに詰めておく。

2 卵、牛乳、砂糖を
ビニール袋などでよく混ぜ、1に流し込む。

3 弱火でじっくり焼く。焼き色がついてきたら
裏側も焼き、バターを絡める。

4 お好みのトッピングをのせたら出来上がり。

Point 定番のトッピングは、バナナ＆チョコレート、ソーセージ＆蜂蜜、練乳など。ソーセージは少し炙ると、なおおいしい。トッピングなしでも、甘い香りのシナモンをたっぷりかけると、豊かな風味でリッチな気分に。

トッピングでいろいろ楽しめる

豆乳ベーコンシチュー

10〜15分　　煮る　　豆類

材料
ベーコン（1cmの角切り）…… 70g（大さじ4〜5）
長いも（1cmの角切り）…… 輪切り1cm分
玉ねぎスープの素 …… 1個
豆乳 …… 120ml〜
クロワッサン …… 1個

作り方

1 シェラカップに水100ml（分量外）、ベーコン、長いも、玉ねぎスープの素を入れ、火にかける。
沸騰したら2〜3分加熱する。

2 豆乳を加え、温まったら火を止める。

3 クロワッサンと一緒にいただく。

Point　味が足りない場合は、お好みのみそ（分量外）をプラス。豆乳とみそを合わせることで、コクと旨味が格段によくなります。いも類の中でも加熱しやすい長いもは、薄い半月に切ったじゃがいもで代用してもOK。

バターの効いたクロワッサンと相性よし

バインミー

5〜10分 / 煮る / 肉 / 野菜

材料
下味をつけた牛肉薄切り
（下味は右記）……100g
なます …… 適量（作り方は右記）
コッペパン（切り込みを入れる）
…… 1本
マヨネーズ …… 適量

作り方
1 ［家で］牛肉は、砂糖、ナンプラー各大さじ1/2で
下味をつける。なますは、大根、ニンジン
各5cmを千切り。塩で揉んで20分ほど置く。
水気をよく絞り、酢大さじ2、ナンプラー、砂糖
各大さじ1、鷹の爪（輪切り）3〜4個をなじませる。
2 ［外で］牛肉、水少々（分量外）を、しっかり加熱。
3 パンにマヨネーズを塗り、2となますを挟む。

シナモンロール

5〜10分 / 焼く・炒める / 乳製品

材料
食パン（6枚切り）…… 1枚
練乳、バター、レーズン …… 適量
シナモンシュガー
…… 適量（シナモン1：砂糖4〜6）

作り方
1 食パン全体に水（分量外）をはたいて少し柔らかくする。
2 1に練乳、バターの順に塗り、
シナモンシュガーをふる。
3 2を4等分し、塗った面を内側にして巻く。
4 弱火で両面焼き、お好みでレーズンを散らす。

コンビーフオムレツ＆
ケチャップパインバーガー

5〜10分 / 焼く・炒める / 肉

材料
コンビーフ …… 半パック
卵 …… 1個
バンズ（半分に切る）…… 1個
マヨネーズ …… 適量
パイナップル（一口大）…… 3〜4個
ケチャップ …… 適量

作り方
1 コンビーフはほぐし、溶き卵と合わせておく。
バンズは断面にマヨネーズを塗る。
2 アルミホイルを敷いたシェラカップで
1の卵液、でパイナップルを別々に焼く。
3 2をケチャップで調味し、バンズに挟む。

Point 山なら、シナモンロールのトッピングに行動食を活用しても。おすすめは、羊羹＆ナッツ、ココア粉末など。また、行動食にパンも常備しておくと、わざわざ準備せずともおやつに料理にと、便利です。

挟んで、巻いて、
こんなに豊か!

コンビーフオムレツ
&
ケチャップパインバーガー

バインミー

シナモンロール

パンをおいしく食べる5つの工夫

1

プレスする

同じサイズのシェラカップが二つあれば、パンとお好みの具材をギュッとプレス。ミニサイズのホットサンドを作ることができます。

一つにフライパン用アルミホイルを敷きます。底に合わせたサイズのパンに具材を挟み、もう一つでプレス。

弱火で加熱して、焦げ目がついてきたら裏返し、再びプレスしながら裏面も加熱します。

出来上がり。今回は、スライスハムととろけるチーズを、6枚切り食パンでサンドしました。

2

蒸す

自宅でパンをリベイクする時も、一度蒸すと、よりふっくら焼けます。ソロサイズのシェラカップなら、ちょっと食べたい分を蒸すのに便利。

フライパン用アルミホイルを丸めて入れ、底から1cmほど水を注ぎ、パンをのせます。

同じ径のシェラカップをふた代わりに重ね、加熱します。水がなくならないよう、減ったら足して。

温まったら出来上がり。ここからさらに焼くと、香ばしさが加わり、なおおいしい。

山の行動食としても便利なパンは、そのまま食べてもいいですが
できれば温めたりアレンジしたりして、よりおいしくしたいもの。
ここでは、ソロサイズのシェラカップで楽しめる工夫をご紹介します。

3 焼き揚げる

シェラカップにフライパン用アルミホイルを敷き、油（おすすめは太白ごま油か米油）を多めに入れ、カラッと揚げます。塩や砂糖で味をつけてどうぞ。

4 フォンデュする

パンは、ひと口大にカット。ココアパウダーをホットミルクで溶いたり、濃いめに入れたお好みのスープに浸して食べます。

気軽に手に入る、顆粒のドリンクの素や、フリーズドライのスープでいろいろ楽しめます。

5 みそ汁と合わせる

パンにみそ汁!? と思うなかれ。トマト＆オリーブオイル、あおさ＆バター、赤みそ＆オリーブオイルなど"オイル"も具にすると、相性抜群なんです。

カレー

豊かなスパイスの香りが食欲をそそり、ご飯にもパンにも合う鉄板料理＝カレー！ 今回ご紹介するレシピは全て10分以内で作れるので、お腹がペコペコな時にも、もってこいです。

トマトときのこのベジカレー

5～10分　　煮る　　野菜

材料
トマト …… 中 1個
マッシュルーム …… 2～3個
ししとう …… 2本
カレーみそ玉（作り方はPOINTへ）
…… 大さじ1～
（またはカレールウ1かけ）
バター、塩、黒こしょう …… 適量

作り方

1 トマトはヘタを取り、大きめのザク切り。

マッシュルームは手で割き、ししとうは2cm幅に切り、

全てシェラカップに入れる。

材料が浸る水（分量外）を注いで火にかける。

2 沸騰して2～3分経ちトマトが煮崩れてきたら、

カレーみそ玉を入れ、よく溶く。

3 バター、塩、こしょうで味を整えたら出来上がり。

Point　**カレーみそ玉の作り方**／カレー粉大さじ2、みそ大さじ2、しょうが、にんにく（共にすりおろす）各1片、オリーブオイル（もしくはココナッツオイル）大さじ1をよく混ぜる。トマトペーストを加えてもOK。

カレーみそ玉でさらっとスパイシー

柚子こしょうグリーンカレー

5〜10分　煮る　肉

材料
なす …… 小1/2本（またはししとう3〜4本）
パクチー …… 3〜5本
焼き鳥缶（塩）…… 1缶
ココナッツミルクパウダー …… 大さじ2
柚子こしょう …… 小さじ1
ナンプラーまたは塩 …… 適量

作り方

1 なすは1cm幅のいちょう切りにする。
パクチーは細かく刻むか手でちぎる。

2 ナンプラー以外の材料、
材料が浸る水（分量外）を入れ、よく混ぜて加熱。
沸騰したら弱火にし、なすがやわらかくなるまで煮る。

3 ナンプラーか塩で味を整える。

Point　通常、グリーンカレーには唐辛子やハーブを何種類も混ぜたペーストを使いますが、青唐辛子がベースの柚子こしょうがあれば、手軽に作れます。辛味と塩気が案外強い調味料なので、お好みで調整してください。

ココナッツが柚子の風味で爽やかに

ちくわと長ねぎの蕎麦屋カレー

5〜10分　　煮る　　魚介

材料
ちくわ …… 2本
長ねぎ …… 1/3本
カレー粉 …… 小さじ1
粉末うどんつゆ …… 小さじ1
片栗粉 …… 小さじ1強
(あれば)七味唐辛子 …… 適量

作り方

1 ちくわ、長ねぎは斜め薄切りにする。

2 シェラカップに水150ml(分量外)、
カレー粉、粉末うどんつゆ、片栗粉を入れてよく混ぜ、
1を加え、すぐ火にかける。

3 かき混ぜながら加熱し、
沸騰したら1分ほど中弱火でクツクツさせ火を止める。

4 あれば七味唐辛子をかけていただく。
長ねぎを輪切りにしてかければ薬味に。

Point 片栗粉は沈殿しやすいので、2で火にかける直前によく混ぜましょう。また、長ねぎの代わりに玉ねぎで作っても、甘みが加わりおいしいです。火の通りがよくなるよう、薄い半月切りにスライスしてください。

だしがきいた熱々あん仕立て

フィッシュカレー

5〜10分　　煮る　　魚介

材料
オイルサーディン……1缶
ミニトマト(半分に切る)……3個
カレーみそ玉(作り方P68)……大さじ1(またはカレールウ1かけ)
ココナッツミルクパウダー……大さじ2
ガラムマサラ……小さじ1
塩……適量

作り方

1 シェラカップにオイルサーディン、
　　ミニトマト、かぶるぐらいの水(分量外)を入れる。

2 沸騰したら、2〜3分煮る。

3 カレーみそ玉、ココナッツミルクパウダーを加え、
　　よく混ぜたら火を止め、ガラムマサラを加える。

4 塩で味を整えて食べる。

Point　缶詰は汁ごと入れて、旨味を全部いただきましょう。ごみも減ります。オイル漬けなら油分も担ってくれますよ。また、近頃スーパーでも手に入る、素材にこだわった缶詰を選ぶと、さらにおいしく仕上がります。

缶詰の旨味を活かした本格派

鶏のカレーマヨ丼

5〜10分　煮る　肉

材料
鶏もも肉 …… 100g
お好みのソース …… 大さじ1
カレー粉 …… 小さじ1
マヨネーズ …… 好きなだけ
ご飯 …… 好きなだけ

作り方

1 シェラカップに小さめの一口大に切った鶏肉、
肉が1/3程度浸る水（分量外）を入れて火にかける。

2 箸などで全体を混ぜながらしっかり加熱し、
水気が少なくなったら火を止め、
ソースを加えてなじませる。

3 カレー粉、マヨネーズであえ、
ご飯にかけていただく。

Point　今回のレシピでは、お弁当などについている小分けの中濃ソースを使いました。野菜、果物、酢、砂糖、塩、スパイスなど、さまざまな食材が使われている調味料のソースは、味に奥行きを出してくれます。

隠し味のソースに「おかわり!」

混ぜて加熱するだけのお手軽版

キーマカレー

 5〜10分　 煮る　 肉

材料

お好きなひき肉 …… 80g

スイートコーン
…… 小1パック（大さじ3）

玉ねぎ（粗みじん切り）…… 小1/8個

トマトペースト …… 1本（大さじ1）

カレーみそ玉（作り方P68）
…… 大さじ1（またはカレールウ1個弱）

とろけるスライスチーズ …… 1枚

作り方

1 ひき肉、コーン、玉ねぎ、トマトペースト、水50〜80ml（分量外）をよく混ぜてから火にかける。

2 焦げないように混ぜながら加熱し、全体に火が通ったらカレーみそ玉を加えてよく混ぜ、火を止める。

3 ちぎったチーズをのせて、余熱で溶かす。

Point　具材がよく混ざっていることが、おいしいキーマカレーに仕上げるコツ。火にかける前に、箸などで全体をよく混ぜましょう。お好みで、クミンやコリアンダー、カルダモンなど、スパイスのパウダーを加えても。

お好みのルウでいろいろ楽しめる

ソーセージと豆のごろごろカレー

5〜10分 　煮る 　肉 　豆類

材料
ウインナーソーセージ …… 2本
玉ねぎ …… 小1/8個
ミックスビーンズ …… 1パック（50g）
カレールウ …… 1/2かけ〜

作り方

1 ソーセージは2cm幅に切る。
玉ねぎは粗みじん切りにする。

2 シェラカップに**1**、ミックスビーンズ、
かぶるぐらいの水（分量外）を入れて火にかける。

3 玉ねぎに火が通ったら火を止め、
カレールウを加えてなじませる。

Point 　ソーセージの代わりにさばの水煮缶で作るのもおすすめです。缶詰
を汁ごと混ぜれば、さばカレーの出来上がり。燃料を節約したい時や、暑
くてなるべく加熱調理したくないという時にもうれしい時短レシピです。

カレーをもっとおいしくする5つの食材

1 ガラムマサラ

通常3〜10種類のスパイスを配合してあり、香りや辛みづけに活躍。少量で味に深みが出ます。黒こしょう、カルダモン、コリアンダー、クミン、シナモン、クローブなどが入っています。

> インドを代表するミックススパイスをひとふり

2 酢

中華料理屋でも、カウンターなどに酢が置かれているように。カレーにもひとさじ加えると、味に変化がつきます。お好みの物でかまいませんが、クセが少ないのは穀物酢や米酢です。

> よく煮るとまろやかな旨味になります

3 みそ

> グツグツ具材を煮るときに加えます

旨味成分が豊富で、カレーの隠し味にもよく使われます。お好みのみそでOKですが、赤みそはコクが深くなり相性抜群。塩分が濃いので、味を見ながら少しずつ加えてください。

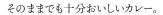

そのままでも十分おいしいカレー。
ちょっと加えることで、さらに風味豊かで本格的な味わいになる
身近な食材を集めてみました。組み合わせてもいいですよ。

4

トマトペースト & ケチャップ

トマトは旨味成分がたっぷり。入れて煮込むと、簡単に深みとコクが出ます。山など、新鮮なトマトを持っていくのが難しい場合は、ペーストやケチャップなどで代用するといいでしょう。

ケチャップは
味見しながら
加えましょう

食べごたえも
栄養価も
アップ！

5

チーズ

お好みの物を、コクが欲しい時やまろやかにしたい時に入れます。クリームチーズはサワークリームのような風味に。乳製品は焦げやすいので、完成したところに混ぜて。

ソロサイズのシェラカップ一つでおなかいっぱい。満足度の高いおかずを集めました。とくに熱々がおいしい鍋料理や揚げ物は、料理を楽しみながら、出来たところから食べていくのもいいでしょう。

薄切り餅のラザニア

5〜10分　煮る　野菜

材料
薄切り餅 …… 4枚
ミートソース …… 1袋（80g）
クリームチーズ …… 個包装1個
とろけるチーズ …… 大さじ1（またはとろけるスライスチーズ1枚）
（あれば）お好みのハーブ …… 適量

作り方

1 シェラカップに水少々（分量外）を入れ、
適当な大きさに切った餅2枚分、ミートソース半量、
クリームチーズを軽くつぶして重ねる。

2 さらに残りの餅、水少々（分量外）、ミートソース、
とろけるチーズの順で入れ、
水30〜50ml（分量外）を注ぐ。

3 あればふたをして、餅とチーズがとろけるまで
弱火で5〜6分加熱する。

4 あればお好みのハーブをかけて食べる。

Point 餅がシェラカップに焦げ付くのを防ぐためにも、加熱前の水は忘れずに加えてください。加熱中もご注意を。心配な場合は、シェラカップにあらかじめフライパン用アルミホイルを敷いておくと安心です。

パスタ代わりの餅がトロトロ

なすの豚巻きシェラカップ蒸し

5〜10分 　蒸す 　肉 　野菜

材料
キャベツ（または白菜）…… 1〜2枚
なす …… 小1本
豚肉バラ薄切り …… 6枚
お好みの調味料（ポン酢、塩、梅干しなど）…… 適量

作り方

1 キャベツを2cm幅に切り、
シェラカップに断面が層になるように詰める（P19参照）。
なすはヘタを落として6等分にし、豚肉を巻きつける。

2 シェラカップの底から1cmぐらい水（分量外）を入れ、
豚肉を巻いたなすを3本ずつ、2段に並べる。

3 シェラカップでふたをし、加熱する。

4 沸騰したら、中火で7〜8分加熱。
豚肉にしっかり火が通ったら、
お好みの調味料をつけて食べる。

Point 同じ径のシェラカップが二つあれば、ボリューム感のある蒸し料理にも挑戦できます。もちろん、シェラカップのふたを使ってもOK。なすは、シェラカップの大きさに合わせてヘタを切るとよいでしょう。

豚の脂でふっくらジューシー

おかずナポリタン

5〜10分　煮る　野菜

材料
玉ねぎ …… 小1/8個
ピーマン（たねは取る）…… 1個
ウインナーソーセージ …… 4本
トマトケチャップ …… 好きなだけ
オリーブオイル …… 少々
黒こしょう、パルメザンチーズ…… 適量

作り方

1 玉ねぎ、ピーマンは5mmの薄切り、
ソーセージは斜め半分に切る。

2 シェラカップに**1**、具材の1/4が浸る水（分量外）を入れ、
軽く混ぜてから火にかける。

3 沸騰したら、時々かき混ぜながら2〜3分加熱し、
水分を飛ばしていく。

4 ケチャップ、オリーブオイルを加えて混ぜ、
こしょう、チーズをかけたら出来上がり。

Point　**2**で加える水は、全体に火が回りやすくするために加えます。量は、具材の下から1/4が浸るぐらいが目安です。完成したときには水分はないのが理想。初めて作る場合は、少なめから始めるといいでしょう。

昔懐かしい喫茶店の味

塩昆布おでん

5〜10分 　煮る 　魚介 　乳製品

材料
ちくわ …… 2本
油麩（輪切り）…… 2枚
塩昆布 …… ひとつまみ
ミニトマト …… 3個
薄切り餅 …… 適量
お好みのチーズ …… 個包装1〜2個

作り方

1 ちくわは2cm幅に切る。

2 シェラカップにちくわ、油麩、塩昆布、
シェラカップ半分ぐらいの水（分量外）を入れて
火にかける。

3 沸騰したらヘタを取ったミニトマトを加え、
2〜3分加熱する。

4 仕上げに餅、チーズを入れ、
やわらかくなったら食べる。
味が薄い場合は塩昆布を足す。

Point　チーズを加えるタイミングで二度楽しめます。おすすめは、まず塩昆布と
練り物の旨味を楽しみ、途中でチーズを加える味変。チーズがスープに
溶けることでコクが増し、全く別の味に生まれ変わります。

油麩のコクが旨さの要！即席おでん

にんにく子豚鍋

5〜10分　煮る　肉

材料
切り干し大根 …… ふたつまみ
焼肉用豚バラ肉 ……100g（約8枚）
にんにくチップ …… 6枚
塩 …… 適量
（あれば）黒こしょう、青ねぎ（小口切り）…… 各適量

作り方

1 シェラカップに切り干し大根を入れ、
かぶるぐらいの水（分量外）で戻す。

2 1に、2〜3cm幅に切った豚バラ肉を
シェラカップの縁に添わせるように入れ、
真ん中ににんにくチップを入れて火にかける。
加熱中、水が少なくなったら足す（分量外）。

3 全体に火が通ったら塩で調味し、出来上がり。
あれば黒こしょうや青ねぎをかける。

Point 切り干し大根の戻し汁も使うこのレシピは、だしをたっぷり吸ったご飯がたまらない雑炊でシメましょう。あれば卵を落としてもいいですね。持ち運びにも便利なにんにくチップは、お好みで量を調整してください。

パワフルな旨味を切干大根が受け止める

丸ごと玉ねぎの
バターポン酢スープ

10〜15分　　煮る　　野菜

材料
玉ねぎ …… 小1個
鶏ガラスープの素 …… 小さじ1
バター …… 小さじ1
ポン酢 …… 小さじ1〜
黒こしょう …… 適量

作り方

1 玉ねぎは、皮をむいて、放射状に切り込みを入れる。

2 シェラカップに**1**を切り込みを下にして入れ、
浸るぐらいまで水（分量外）を入れる。

3 鶏がらスープを加え、火にかける。
沸騰するまで強火、沸騰したら、あればふたをして
吹きこぼれない程度の火力で7〜8分加熱する。

4 玉ねぎを裏返し、やわらかくなるまで2〜3分加熱する。
バター、ポン酢、こしょうをかけて食べる。

Point　**玉ねぎの切り方**／皮をむき、上下を切り落とします。根の方を下にして、深めに放射状の切り込みを入れていきます。切り込みは、あまり細かく入れるとボロボロ崩れやすいので、8等分くらいが目安です。

インパクトも食べごたえも十分

ドーナツハンバーグ

10〜15分　焼く・炒める　肉

材料
家で仕込むタネ
┌ 合挽肉 …… 80g
│ 玉ねぎ（みじん切り）…… 大さじ2
└ 塩、こしょう、ナツメグ …… 少々
白ワイン（または水）…… 大さじ1
トマトケチャップ、お好みのソース …… 各適量

作り方

1 ［家で］タネの材料をボウルなどで混ぜ合わせ、
ラップで包み、冷凍する。

2 ［外で］タネは、シェラカップと同じサイズに成形し、
中心に穴をあける。シェラカップに
フライパン用アルミホイルを敷き、タネを入れる。

3 火にかけ、中弱火で2〜3分加熱する。
タネの下から半分ぐらいが白っぽくなってきたら
裏返して1分ほど加熱。穴に白ワインを注いでふたをする。

4 さらに2分ほどしっかり加熱し、
肉に弾力があれば火を止めて1〜2分蒸らす。

5 お好みでケチャップ、ソースなどをつけて食べる。

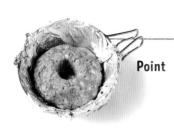

Point 生焼けを防ぐコツは、タネの成形にあり。シェラカップと同サイズにすることで横からも熱が伝わりやすく、火が通りにくい中央には穴をあけることで、加熱時間を短縮します。

パンで挟めばハンバーガーの出来上がり

大豆タコスミート

5〜10分　　煮る　　豆類

材料
大豆（水煮か蒸し大豆）…… 1缶（100g）
トマトペースト …… 1本（大さじ1）
玉ねぎ（みじん切り）…… 大さじ2
にんにくチップ …… 5〜6枚
顆粒コンソメ（または鶏ガラスープの素）…… 小さじ1〜
クミンパウダー …… 小さじ1〜
オリーブオイル、黒こしょう …… 適量

作り方

1 シェラカップに大豆、トマトペースト、玉ねぎ、
にんにくチップ、コンソメ、水50ml（分量外）を入れる。

2 沸騰したら、混ぜながら水分が半分になるまで煮る。

3 クミン、オリーブオイルを加え、よく混ぜる。
仕上げにこしょうをかけていただく。

Point 大豆はゴロゴロしたままでも十分おいしいですが、最後につぶすとより
肉っぽい印象に。ピタパンなどでくるんで食べると気分も出ます。お好
みですが、クミンパウダーは多めにかけると味が決まります。

ひき肉を大豆に置き換えた　シメキシカン

鶏唐揚げの南蛮煮

5〜10分　　煮る　　肉

材料
唐揚げ …… 3個
長ねぎ …… 1/3本
ポン酢 …… 50 ml
砂糖 …… 5〜10g(スティックシュガー1〜2本)
(あれば)七味唐辛子 …… 適量

作り方

1 唐揚げは半分、長ねぎは斜め薄切りにする。

2 シェラカップにポン酢、砂糖、
水少々(分量外)を入れて加熱する。

3 沸騰したら1を加え、
長ねぎがしんなりしたら出来上がり。
あれば七味唐辛子をふって、いただく。

Point　唐揚げの代わりに、トンカツやチキンナゲット、厚揚げなど、お好みの揚げ物で楽しんでみてください。寒い日は、**2**で煮込む際に片栗粉(小さじ1/2程度)を入れてよく混ぜ、とろみをつけるのもおすすめ。

出来合いの揚げ物を上手に活用

山の台湾豆乳スープ

5分以内 　煮る 　豆類

材料
干しえび …… ひとつまみ（8尾ぐらい）
豆乳 …… 200ml
塩（またはしょうゆ）…… 少々
お好みの酢 …… 大さじ1弱
ラー油 …… 適量
トッピング（青ねぎ、パクチー、油麩、バゲットなど）…… 適量

作り方

1 シェラカップに干しえびを入れて弱火にかけ
焦げ付かないようにさっと煎る。
いい香りがしたら豆乳、塩を加え、
沸騰直前で火を止める。

2 酢を加え、すぐに軽くかき混ぜ、豆乳を固める。

3 ラー油、お好みのトッピングと食べる。

Point 温めた豆乳は、酢を加えて軽くかき混ぜるとフルフルと固まります。食べると酸味を感じるというよりも、まろやかな風味に。お好みの酢で楽しんでみてください。酢は小分けボトルに入れると携帯に便利です。

さっと作れて朝食にもちょうどいい

鶏肉と白菜のシェラカップ蒸し

10〜15分　蒸す　肉　野菜

材料
白菜 …… 1〜2枚
干しえび …… ひとつまみ
鶏もも肉 …… 100g〜120g
お好みの調味料（ポン酢、塩、梅干し、辛子しょうゆなど）
…… 適量

作り方

1 白菜を2cm幅に切る。
シェラカップに断面が層になるように詰め（P19参照）、
干しえびを散らす。鶏肉は食べやすい大きさに切る。

2 シェラカップの底から1cmぐらい水（分量外）を入れ、
白菜の上に鶏肉を並べ、ふたをして火にかける。

3 中火で7〜8分しっかり加熱する。
鶏肉に火が通ったら、お好みの調味料で食べる。

Point 蒸す際に土台にする白菜は、鶏肉と干しえびのだしと相まってスープになります。葉の芯もクタクタになり、ほっとするおいしさ。蒸している最中、水気が足りないと感じたら、水を少しずつ足してください。

ジューシーなもも肉のおいしさを味わう

海苔巻きささみの竜田揚げ

10〜15分　蒸す　肉

材料

ささみ（筋を取る）…… 2本
塩 …… 少々
海苔（8枚切り）…… 4枚
片栗粉 …… 大さじ1〜
太白ごま油 …… 大さじ2

作り方

1 ささみは4等分に切り、塩をふり、軽く手でつぶす。
海苔は帯状になるように半分に切る。

2 ささみに海苔を巻きつけ、
片栗粉をまぶす。

3 シェラカップにフライパン用アルミホイルを敷き、
油を注ぐ。

4 1個ずつ、約1分、中火で揚げる。

Point　ささみはつぶすことで加熱しやすくします。直手で構いませんが、汚れなどが気になる場合はビニール袋などからの上からつぶしてもOK。巻きつける海苔は、味なしの物。磯の豊かな風味がより味わえますよ。

じゃがいもと鮭のマヨマスタード

5〜10分　　煮る　　魚介　　野菜

材料
じゃがいも（5mm幅の半月）
…… 小1個
鮭の水煮缶 …… 小1缶
マヨネーズ …… 好きなだけ
粒マスタード …… 小さじ1〜
塩、黒こしょう（あればディル）
…… 適量

作り方

1 シェラカップにじゃがいも、
かぶるくらいの水（分量外）を入れて加熱する。

2 いもが柔らかくなったら、
鮭を缶詰の汁ごと加え、軽く煮る。

3 火からおろし、マヨネーズ、マスタードをかける。
塩、こしょう、あればディルをふり、
鮭を崩しながら食べる。

Point　鮭の水煮缶は、他の魚介類の缶詰でアレンジしてもおいしいですよ。とくにさばは、水煮でも味噌煮でも独特の脂がのっているので優秀。いずれもマヨネーズと粒マスタードはたっぷりかけてどうぞ。

淡白な食材もバターでリッチに

たらとわかめのバター仕上げ

5〜10分　　煮る　　魚介　　野菜

材料
たらの切り身（甘塩）…… 1切れ
乾燥わかめ …… ふたつまみ
塩またはしょうゆ …… 少々
バター …… 適量
（あれば）レモン …… 適量

作り方

1 たらは4〜5等分に切り、わかめ、かぶるぐらいの
水（分量外）とシェラカップに入れる。

2 沸騰したら中火で2〜3分加熱し、
たらが煮えたら火を止める。

3 塩で味を整え、
バターを加えて溶かす。
あればレモンを絞って食べる。

Point　たらは甘塩タイプを選んでください。ほんのり効いた塩味も、調味料の
一つです。皮は臭みの原因になるので、外しておくとベター。もちろん気
にならないのなら、皮ごと使ってOKです。

炊きたてご飯にのっけて！

厚揚げ麻婆

5〜10分　煮る　豆類　肉

材料

厚揚げ …… 小さめ1丁
豚ひき肉 …… 40g
胡麻みそラー油（作り方 P68）
…… 大さじ1〜
片栗粉 …… 小さじ1

作り方

1 厚揚げは1〜2cmの角切りにする。

2 シェラカップに水100ml（分量外）、ひき肉、
胡麻みそラー油、片栗粉を入れて、
よく混ぜ火にかける。

3 グツグツしてきたら1を入れ、
混ぜながら1〜2分加熱する。
味がなじんだら出来上がり。

Point　加熱する前に片栗粉を入れることで、水溶き片栗粉を入れた時のようなとろみがつきます。火にかける前に全体をよく混ぜ、混ぜたらすぐに加熱するのがコツです。加熱している間も箸などで混ぜてください。

107

体がポカポカになる鍋料理

スンドゥブ

5〜10分　煮る　豆類　魚介

材料
あさりの水煮 …… 小1缶
コチュジャン …… 小さじ1
お好みのみそ …… 小さじ1/2
焼肉用豚バラ肉
…… 40g（3〜4枚分）
お好みのキムチ
…… 小分け1パック（約30g）
豆腐 …… 小1パック（約100g）

作り方

1 シェラカップにあさりの水煮を汁ごと入れ、
コチュジャン、みそを溶く。

2 バラ肉、キムチを入れて火にかける。
沸騰したら豆腐をスプーンですくいながら加える。

3 2分ほどグツグツ煮たら完成。

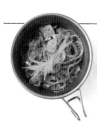

Point　具材を全部食べたら、残りのスープに春雨を加えていただきましょう。あ
れば卵を落としても。辛味もまろやかになります。コチュジャンとみそは
胡麻みそラー油（作り方P48）で代用してもおいしいですよ。

ハムと野菜のしゃぶしゃぶ

5〜10分　煮る　豆類　肉

材料
長ねぎ …… 1/3本
お好みの野菜
（ズッキーニ、パクチーなど）…… 適量
鍋のだし
┌ ポン酢 …… 50ml
│ オリーブオイル …… 大さじ1
└ にんにくチップ …… 3〜4枚
スライスロースハム …… 好きなだけ
黒こしょう …… 好きなだけ

作り方
1 長ねぎは斜め薄切りに。
お好みの野菜も薄切りや薄い輪切りにする。
2 シェラカップに鍋のだしを入れる。
3 2が沸騰したら、ハム、ねぎ、
お好みの野菜を入れ、
ひと煮立ちしたら、こしょうをたっぷりふる。
具材が減ってきたら、少しずつ追加。
だしが煮詰まってきたら、水（分量外）で調整を。

Point
加熱時間が短くてすむしゃぶしゃぶ。入れる食材は全て薄切りにします。
おおよそ満足したら、シェラカップに残ったハムと野菜の優しいだしに、
おむすびや白いご飯をイン！　シメはおじやを楽しみましょう。

スイーツ	工夫次第で、シェラカップはスイーツも作れます。ソロサイズなら、ちょっと元気が欲しい時や、甘い物で始めたい朝に、ちょうどいいボリューム。お子さんとも挑戦しやすい手軽なレシピです。

大判焼

10〜15分 　焼く・炒める

材料
ホットケーキミックス …… 大さじ5
油（太白ごま油、サラダ油など）…… 大さじ1杯〜
あん …… 適量
お好みの具材（チョコレート、バナナ、ソーセージ、チーズなど水分の少ないもの）…… 適量

作り方

1 ホットケーキミックスを
粉に対して半量の水（分量外）で混ぜる。
シェラカップにフライパン用アルミホイルを敷く。

2 シェラカップに油を多めに入れ、弱火にかけたら
すぐに生地の2/3量を流し込む。
あんを真ん中に押し入れ、残りの生地をのせる。

3 ごく弱火で両面を各5分ほど焼く。
中身はお好みの具材に変えても。

Point 生地の硬さは、スプーンなどですくってボトッと落ちるくらい。ゆるいと具材が沈み、うまく焼けません。焼く際に入れる油は、多めがおすすめ。生地の表面がカリッと仕上がり、食感もよく、食べ応えがでます。

多めに作って行動食にしても

甘い香りのシナモンはたっぷりと

バナナタタン

10〜15分　焼く・炒める

材料
バナナ …… 中1本
バター …… 少々
砂糖
…… 10g（スティックシュガー2本）
お好みのビスケット …… 4〜5枚
シナモンシュガー
…… 適量
（シナモン1：砂糖4〜6）

作り方

1 バナナは2cm幅に切る。
シェラカップにフライパン用アルミホイルを敷く。

2 バターを入れて加熱し、溶けたら、
バナナの断面を上にして焼く。

3 1〜2分したら裏面も焼き、
砂糖を側面から加えて煮溶かす。

4 火を止め、ビスケットをのせる。

5 粗熱が取れたら裏返し、シナモンシュガーをかける。

Point バニラアイスやホイップした生クリームを添えると、さらにリッチな味わい
に。アルコールがお好きなら、2で加熱する際に、ウイスキーやラム酒
を少量加えて香りづけをすると、なお深みが出ます。

餅をしゃぶしゃぶして食べましょう

みたらし餅

5分以内 　煮る

材料
しょうゆ …… 大さじ1
砂糖
…… スティックシュガー2本強
（大さじ1）
片栗粉 …… 小さじ1
薄切り餅 …… 好きなだけ

作り方

1 水50ml（分量外）、しょうゆ、砂糖、片栗粉を
シェラカップ でよく混ぜる。

2 箸などで混ぜながら火にかける。

3 沸騰したら、弱火で約1分加熱した後、
適当な大きさに切った餅を少しずつ入れる。

4 やわらかくなったら食べる。

Point　みたらし独特のとろみは片栗粉でつけることができます。しょうゆや
砂糖が焦げ付きやすいため、とろみがついたら火はごく弱火で。煮詰
まってきたら少量の水（分量外）を加えて調整してください。

蜂蜜レモン寒天

5分以内

煮る

材料
蜂蜜レモン（作り方 P116）…… 適量
粉寒天 …… 小さじ1/2

作り方

1 蜂蜜レモンを水（分量外）と1：1の割合で混ぜる。
シェラカップに全体量で約130mlの素を作る。

2 1に寒天を入れ、よく混ぜる。
沸騰したら火を弱め、
かき混ぜなから2分ほど加熱。

3 火を止め、輪切りレモンを入れて、固める。

Point 粉寒天は素次第でアレンジ自在！ 水＋紅茶のティーバッグで「紅茶寒天」。
蜂蜜レモンをかけて。粉末カフェオレ＋牛乳で「カフェオレ寒天」など。カフェ
オレ寒天は練乳をかけても。いずれも素は約130mlになるよう作ります。

固まるまで常温で約1時間

飲み物

「コップになる」という印象も強いシェラカップ。利点は、材料を入れたらそのまま加熱して、熱々を飲めるところです。ここでは、アルコール、ノンアルコール、それぞれご紹介します。

心も温まるアルコール3種

ホットトディー

材料
マーマレード …… 大さじ1〜2
ウイスキー …… 大さじ2〜3

作り方
湯150mlを沸かし（分量外）、
マーマレード、ウイスキーを入れる。

ホットモヒート

材料
蜂蜜レモン（作り方はPOINTへ）
…… 大さじ3〜4
ラム酒 …… 大さじ2〜3
ミント …… 適量

作り方
湯150mlを沸かし（分量外）、
蜂蜜レモン、ラム酒、ミントを入れる。

ホットバターラム

材料
ラム酒 …… 大さじ2〜3
砂糖 …… 5〜10g
（スティックシュガー1〜2本）
バター …… ひとかけ

作り方
湯150mlを沸かし（分量外）、ラム酒、
砂糖を入れる。
飲む前にバターを溶かす。
シナモン（分量外）を入れるとなおよい。

Point 　**蜂蜜レモンの作り方**／レモン2個分を、2〜3mmの輪切りにスライス。お好みの蜂蜜300gを加えて、常温で1日以上置く。レモンは皮ごと使うため、ノンワックスの無農薬の物が望ましい。

ホットモヒート

ホットトディー

ホットバターラム

心身が癒される甘〜いお酒

素朴なノンアルコール3種

バナナ甘酒

材料
バナナ ……1/2本
甘酒 …… 150ml（パック1本）

作り方
シェラカップにつぶしたバナナ、甘酒を入れる。
スプーンなどで混ぜながら、温めたら出来上がり。
みそ（分量外）を入れると味が締まる。

ティーラテ

材料
お好みの紅茶のティーバッグ
…… 1袋
牛乳 …… 150ml（パック1本）
砂糖 …… 適量

作り方
湯50mlを沸かして（分量外）紅茶を煮出し、
牛乳を加えて温める。
お好みで砂糖を入れ、甘く仕上げても。

ミントグリーンティー

材料
お好みの緑茶のティーバッグ
…… 1袋
ミント …… 適量

作り方
湯200mlを沸かして（分量外）緑茶を煮出し、
火を止める。
温かいうちにミントを加え、香りが出たら完成。

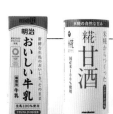

Point 乳製品や甘酒は、加熱するとシェラカップに焦げ付きやすくなります。飲み物を加熱する際は、スプーンなどで時々かき混ぜましょう。また火加減は、弱火〜中火が安心できる目安です。

ミントグリーンティー

乳製品や甘味を入れて
満足感アップ

ティーラテ

バナナ甘酒

フィールドコーヒー

「アウトドアでもコーヒータイムは幸せタイム。朝のひとときもランチでも、おいしい
コーヒーを飲みたいものです。挽きたてのコーヒーをドリッパーで淹れるのがいちば
ん贅沢ですが、持ち出す道具が多く、淹れるのに時間がかかるのが難点。もっと簡単に
と考えたのが、ティーパックを利用する方法です。水と挽いたコーヒーを直火でグツグ
ツ煮出す、スウェーデン式の抽出法をヒントにしました。ペーパーフィルター用に挽い
たコーヒー豆をティーバッグに入れて持参し、抽出します。とても手軽で、飲みたいと
きにすぐに淹れられるのがお気に入りです（蓮池）」

用意する物

- ストーブ
- シェラカップ
- 箸

- お好きなコーヒー豆
  （ペーパーフィルター用に挽いた物）…… 適量
- ティーバッグ
- 水 …… 適量

淹れ方

1

挽いたコーヒー豆を、ティーバッ
グに入れます。シェラカップに底
から2/3ほど水を入れて湯を沸
かし、沸騰したら火を弱め、コー
ヒー豆を浸していきます。

2

箸などを使って、ティーバッグを
"しゃぶしゃぶ"と揺すります。あ
る程度、コーヒーが抽出されてき
たら、揺するのをやめて、そのま
ま静かに湯に浸します。

3

2〜3分煮出したら、箸などでティ
ーバッグを引き上げます。煮出
す時間の長さによって、濃さは多
少変わるので、お好みで時間を
調整してみてください。

シェラカップに便利な

食材事典

ソロサイズのレシピに
重宝する食材がこちら。
スーパーやコンビニなど
で気軽に手に入り、
扱いやすい物を
選んでいます。

乾物類

干し大根

陽光で干すことで栄養
価アップ。旨味もあり、
いいだしも出ます。

干しえび

ひとつまみで風味が格
段によくなる、手軽な
海産物。桜えびも同じ。

海苔

軽く、そのままつまめ
ます。コンビニおむす
びの物を活用しても。

にんにくチップ

加熱する際に数枚パラ
パラ。コクが加わり、力
みなぎる味わいに。

わかめ

1食10gもあれば十分。
もう一声ボリュームが
欲しい時に足しても。

油麩(仙台麩)

揚げた麩で、軽く、煮
るともちもち。コクが
出て満足感もアップ。

あおさ

手頃で、食感も楽しめ
る海藻。スープの具材
や、麺などに絡めて。

薄い餅

手で折れ、温めるとす
ぐやわらかくなります。
軽く、腹持ちもいい。

ポテトチップス

そのまま食べてもあえ
ても。ほどよい塩気と
油で、満足感が高まる。

粉寒天

無味無臭でお腹の調子
も整えます。筆者は料
理に加えて、便秘予防。

塩昆布

昆布の旨みと塩気が万
能！ ひとつまみに湯
を注げば、お吸い物に。

ホットケーキミックス

個包装は1袋200gほ
ど。揚げ衣にするとほ
んのり甘く、おいしい。

マヨネーズ

個包装を使い切ります。炒め油にすれば独特の風味とコクがプラス。

ごま油

ほんの数滴で、食がすすみます。バター感覚でパンにつけても。

太白ごま油

炒め油に。ごま特有の香りはせず、さっぱりしたコクが加わります。

蜂蜜

料理の甘味から、パンにつけたり飲み物に加えたり。コクも出ます。

クミン

ぱっとひとふりで異国へトリップ。カレーには欠かせません。

黒こしょう

仕上げにパラリで、味を引き締めてくれます。粗挽きがおすすめ。

片栗粉

火にかける前に材料とよく混ぜ合わせれば、熱々あん仕立てに。

ケチャップ

優しい甘さで、加熱するとコクと旨味が出ます。カレーの隠し味に。

ラー油

仕上げにたらりとかけて、食欲増進。味に変化が欲しい時にも。

鶏がらスープ

簡単に味が決まるので、常備しておけば安心。炒め物に少量加えても。

柚子ごしょう

少しでピリッと爽やか。クリーミーな料理のアクセントにも。

トマトペースト

トマトの旨味をギュッと凝縮。筆者のカレーには欠かせません。

ポン酢

しょうゆ代わりに魚や野菜と煮込んでも。柚子の風味でさっぱり。

バター

山やキャンプに持っていくなら、溶けにくいホイップバターを。

粒マスタード

味にインパクトをプラス。シンプルに焼いた肉につければごちそう。

カレー粉

複数のスパイスが入っているので、少量で深みが出ます。

調味料

野菜・果物

じゃがいも

よく洗い、皮ごと運べば長持ち。新じゃがなら皮ごと食べられます。

玉ねぎ

持ち運ぶなら皮ごと。さまざまな料理に使える万能野菜です。

ミニトマト

生でも加熱しても。「ミニ」なのでシェラカップで料理しやすい。

レモン

丸ごと持参。仕上げにギュッと絞ったり、蜂蜜レモンにしたり。

長ねぎ

日持ちし、玉ねぎの代わりにも。青い部分は彩りになります。

梅干し

疲れた体に酸味と塩気がしみます。酢の代わりとしても使えます。

パクチー

アウトドア料理で新鮮なハーブ類があると、一気にお店の味！

豆類

シェラカップで加熱しやすい大豆やひよこ豆などの水煮が活躍。

肉・魚・乳製品

ひき肉

熱が通りやすく、短時間で仕上げたいシェラカップレシピに重宝。

バラ肉

比較的、短時間で加熱できる肉の一つ。いい脂が出てコクもアップ。

魚肉ソーセージ

加熱せずとも食べられて、日持ちもします。山なら行動食に入れても。

笹かま

板から外す必要がなく、ごみ知らず。加熱しなくても食べられます。

ベーコン

加工肉の中でも加熱すると脂が出やすく、炒め油も兼任。

焼き鳥缶（塩）

塩味ならスープや煮物の具材にも。ごろりと食べでもあります。

魚の水煮缶

鮭やツナも便利ですが、鉄板はさば。旨味たっぷりの汁ごと使います。

クリームチーズ

煮込むと酸味とクリーミーさが加わり、他にない味わい。

「さしすせそ」の持ち運び方

「バックパックに必需品を全て入れる登山。なるべく身軽にいたいから、調味料も必要
最少限をなるべくコンパクトに、が基本です。アウトドアショップでは専用ケースが販
売されていますが、100円均一でも代用できるものがたくさん。ただし、液体用のボト
ルは、水を入れて漏れないか確認しておくと安心です。塩や砂糖などはピルケースへ。
小分けにした調味料はまとめてビニール袋などに入れておくと便利です（蓮池）」

さ 砂糖

ボトルなら、ドリンクにさっと
振りかけるのにも便利。湿気
ると固まりやすいので注意。

し 塩

岩塩や、抹茶塩など風味のつ
いた物など、いろんな塩があ
ると面白いですよ。

す 酢

少量でコクやまろやかさが出
るうえに、元気も湧く！ 穀物
酢、果実酢などお好みで。

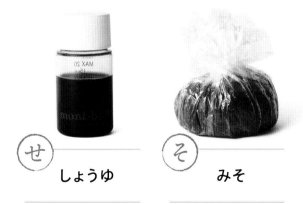

せ しょうゆ

長期間放っておくとボトルの
ふたがガビガビになるので、
定期的にチェックします。

そ みそ

使うぶんをラップで包みます。
漏れると悲惨なので、テープ
などで口をとめると安心。

おわりに

フィールドで、風景を見渡しながらシェラカップで作る小さな料理は、無性に「おいしそう」と思わせます。グツグツ煮込む様子や、ジュージューと焼ける音、におい。遊び疲れた体に沁み渡る、作るプロセスまで含めたごちそうです。どうしたら短時間で加熱できる？　あの料理は作れる？　と試行錯誤するのも面白いもの。今回も、ドーナツハンバーグや片栗粉を使ったレシピが成功！　改めてシェラカップの万能さを感じ、私自身がワクワクしました。さて、そんなレシピを詰め込んだ本が完成しました。私のアイデアと共に歩んでくださった編集者のニイミユカさん、山と溪谷社の佐々木惣さんを始め、素敵な本作りに真摯に取り組んでくださったアートディレクターの尾崎行欧さん、「おいしそう」な写真をたくさん撮ってくださった山本智さん、リアルなスタイリングを提案してくださった佐野雅さんなど、この本に関わってくださった皆さんへの感謝が尽きません。シェラカップを使って炊飯を紹介する日が来るだなんて、感激です。

蓮池陽子

簡単
シェラカップ
レシピ

Sierra Cup Recipes

2020年10月31日　初版第1刷発行

著者
蓮池陽子

発行人
川崎深雪

発行所
株式会社山と溪谷社
〒101-0051 東京都千代田区
神田神保町1丁目105番地
https://www.yamakei.co.jp/

印刷・製本
株式会社光邦

掲載商品の問合せ先（五十音順）

GSI ····················· TEL：03-3209-7575
　　　　　　　　　　（エイアンドエフ）
SOTO ··················· TEL：0533-75-5000
　　　　　　　　　　（新富士バーナーお客様係）
ベルモント ············· TEL：0256-36-1081
ユニフレーム ········· TEL：03-3264-8311
ライトマイファイヤー ·· TEL：03-3667-4545
　　　　　　　　　　（ハイマウント）
WILD-1 ················· TEL：028-651-0570

スタッフ

ブックデザイン ·········· 尾崎行欧
　　　　　　　　　　　宮岡瑞樹
　　　　　　　　　　　宗藤朱音
　　　　　　　　　　　安井 彩
　　　　　　　　　　　本多亜実
　　　　　　　　　　　（oi-gd-s）

写真 ····················· 山本 智

編集 ····················· ニイミユカ
　　　　　　　　　　　佐々木 惣（山と溪谷社）

スタイリング ············· 佐野 雅

イラストレーション ······ 宮岡瑞樹（oi-gd-s）

撮影協力 ················· 大島ゆき
　　　　　　　　　　　東京チェンソーズ

● 乱丁・落丁のお問合せ先
山と溪谷社自動応答サービス
TEL：03-6837-5018
受付時間／10:00～12:00、
　　　　　13:00～17:30
　　　　　（土日、祝日を除く）

● 内容に関するお問合せ先
山と溪谷社
TEL：03-6744-1900（代表）

● 書店・取次様からのお問合せ先
山と溪谷社　受注センター
TEL：03-6744-1919
FAX：03-6744-1927